공자가 들려주는 지혜

도서출판 도반

# 들어가는 글

## 공자에 대하여

공자(孔子 BC. 551 ~ BC.479)는 이름은 구(丘)이고, 자는 중니(仲尼)다. 노(魯)나라 출신이다. 인(仁)을 바탕으로 한 수신(修身) 그리고 인격(人格)의 완성과 예(禮)로써 사회와 국가 질서의 확립을 주장하였다. 그는 15세 때 학문에 뜻을 두었고 30대 초에는 노자에게 예법(禮法)을 물었다고 한다. 67세 되던 해에 고향으로 돌아와 후학(後學) 양성(養成)에 전념하였고 73세의 나이로 생을 마쳤다. 저서로는 그의 가르침을 제자들이 모아서 정리한 논어(論語)와 시경(詩經), 서경(書經), 주역(周易), 춘추(春秋) 등이 있다.

## 책 사용법

논어(論語) 중에서 현대인들에게 필요한 문구 108가지를 발췌하여 그 뜻을 이해하기 쉽게 풀어서 정리하였다. 공자(孔子)가 들려주는 지혜를 가슴속으로 새기며 하루를 시작한다면 종일토록 긍정의 힘이 나를 활기차게 해줄 것이다. 언제 어디서든 시간과 장소에 구애받지 않는다. 책 한 장 한 장을 넘기면서 그가 남긴 삶의 지혜를 만나보자. 그리고 공자(孔子)가 들려주는 2000여 년의 지혜를 읽고 실천해보자.

단기 4353년 음력 7월 28일 채비움 서당 훈장 이민형

*** 논어의 목차는 모두 20편으로 구성되었고 각각의 목차명은 그 편의 처음 시작되는 단어를 따서 붙인 것이다.***

# 〈學而〉

배울 학/ 말이을 이

배우는 사람으로서 갖추어야 할 근본에 대하여 기술했다

# 學而時習

## 배움은 그 때에 맞추어 익히는 것이다

學而時習

배울 학/ 말이을 이/ 때 시/ 익힐 습

*늘 배우는 자세로 임하면 나에게 기회가 찾아 왔을 때 큰 힘이 된다

# 本立而道生

## 근본이 확립되면 바른 도가 생겨난다

本立而道生

근본 본/ 설 립/ 말이을 이/ 법도 도/ 날 생

*각자 맡은 바를 올바르게 실천하면 세상의 기준이 된다

# 言而有信

## 내가 하는 말은 믿음이 있어야 한다

言而有信

말씀 언/ 말이을 이/ 있을 유/ 믿을 신

＊진정성이 담긴 말은 사람들로 하여금 신뢰감을 얻게 한다

[4]

# 過則勿憚改

## 허물이 있으면 고치는 것을 꺼려하면 안된다

過則勿憚改

허물 과/ 곧 즉/ 말 물/ 꺼릴 탄/ 고칠 개

＊주저하지 말고 과감히 실천하여 나를 새롭게 하자

# 就有道而正焉

## 도 있는 사람에게 찾아가서
## 올바름을 취하라

就有道而正焉

나아갈 취/ 있을 유/ 길 도/ 말이을 이/ 바를 정/ 어조사 언

*현재의 어려움을 극복하려면 참 스승을 찾아 지혜를 구하라

# 切磋琢磨

## 끊어내고 갈아내며 쪼고 다듬어라

切磋琢磨

끊을 절/ 갈 차/ 쪼을 탁/ 연마할 마

*돌을 보석으로 만들 듯 내가 나를 잘 다스려야 한다

# 〈爲政〉

할 위/ 정사 정

올바르게 정치하는 방법의 내용을 기술했다

## [7]

# 思無邪

## 간사한 생각이 없어야 한다

思無邪

생각 사/ 없을 무/ 간사할 사

*맡은 바 원칙을 지켜야 밝은 세상이 유지된다

## [8]

# 道之以德

## 정치를 할 때 덕(德)으로써 이끄는 것이다

道之以德

이끌 도/ 갈 지/ 써 이/ 덕 덕

*정치는 국민을 사랑하고 존중하는 마음으로 소통하는 것이다

# 觀其所由

## 반드시 그 이유를 살펴야 한다

觀其所由

볼 관/ 그 기/ 바 소/ 그러할 유

*일의 크고 작음에 상관없이 의혹되는 바를 명확히 밝혀야

억울함을 줄인다

# 溫故而知新

## 옛것을 탐구하여 새로이 안다

溫故而知新

연구할 온/ 옛 고/ 말이을 이/ 알 지/ 새 신

*지난날들을 철저히 분석하여 다가올 새날을 밝게 만들어간다

[11]

# 君子不器

## 군자는 스스로 제한을 두지 않는다

君子不器

임금 군/ 자식 자/ 아니 불/ 그릇 기

*끊임없는 도전정신으로 나의 한계를 극복하라

[12]

# 先行其言

## 말보다는 먼저 행동으로 실천하는 것이다

先行其言

먼저 선/ 행할 행/ 그 기/ 말씀 언

*백 번 말보다 행동으로 실천하는 것이 낫다

# [13]

# 周而不比

## 군자는 세상을 두루 사랑하되
## 치우치지 않는다

周而不比

두루 주/ 말이을 이/ 아니 불/ 편애할 비

*중심을 잡고 양쪽 모두의 생각을 살펴서 합리적으로

판단하는 것이 좋다

# [14]

# 奚不爲政

## 어찌하여 정치를 하지 않는 것인가

奚不爲政

어찌 해/ 아니 불/ 할 위/ 정사 정

*수신(修身), 제가(齊家)를 잘해야 정치를 하는 것이다

# 〈八佾〉

여덟 팔 춤출 일
팔일무(八佾舞)로 예(禮)와 악(樂)을 기술했다

## [15]

# 禮寧儉喪寧戚

예(禮)는 차라리 검소하고
상(喪)은 차라리 슬퍼야 한다

禮寧儉喪寧戚

예절 예/ 차라리 녕/ 검소할 검/ 잃을 상/ 차라리 녕/ 슬플 척

*기쁜 일과 슬픈 일은 모두 함께 차분히 나누어야 하는 것이다

## [16]

# 繪事後素

그림 그리는 일은 흰 비단 바탕이
준비된 후에 한다

繪事後素

그릴 회/ 일 사/ 뒤 후/ 바탕 소

*사람 됨됨이가 올곧게 갖춰져야 제대로 된 일을 하는 것이다

## [17]

# 無所禱也

## 하늘에 죄를 지으면 빌 곳이 없다

無所禱也

없을 무/ 바 소/ 빌 도/ 어조사 야

\*민심(民心)이 천심(天心)인 것을 알라

## [18]

# 樂而不淫

## 즐거워하되 음란함에 빠지지 말라

樂而不淫

즐거울 락/ 말이을 이/ 아니 불/ 음란할 음

\*흥겨움이 지나치면 서로의 예절을 잃게 된다

# 哀而不傷

## 슬퍼하여도 마음 상하지 말라

哀而不傷

서글플 애/ 말이을 이/ 아니 불/ 상할 상

*울분을 터트리고 난 후 감정을 추스려라

# 〈里仁〉

마을 리/ 어질 인

덕 있는 군자가 살아가면서 처신해야 할 몸가짐을 기술했다

# 仁者安仁

## 어진 자는 인(仁)을 편안히 여긴다

仁者安仁

어질 인/ 사람 자/ 편안할 안/ 어질 인

*어진 행동이 익숙해질 때까지 실천한다

# 知者利仁

## 지혜로운 자는 인(仁)을 이롭게 여긴다

知者利仁

알 지/ 사람 자/ 이로울 리/ 어질 인

*지혜가 있는 사람은 인을 실천하는 것이 유익하다는 것을 안다

# 觀過斯知仁矣

## 그 과실을 보면 어진지를 알 수 있다

觀過斯知仁矣

볼 관/ 허물 과/ 이 사/ 알 지/ 어질 인/ 어조사 의

*실수나 잘못을 했을 때 대처하는 것을 보면

그 사람의 됨됨이를 판단할 수 있다

# 君子懷德

## 군자는 덕을 생각한다

君子懷德

임금 군/ 자식 자/ 품을 회/ 덕 덕

*군자는 사람들과 따뜻한 정을 나누고 밝은 세상을 실현하고자 한다

# [24]

# 一以貫之

## 하나로써 그것을 꿰뚫는다

一以貫之

한 일/ 써 이/ 꿸 관/ 갈 지

※한결같은 마음 자세로 끝까지 밀고 나간다

# [25]

# 見賢思齊焉

## 어진 이를 보면 그와 같아질 것을 생각하라

見賢思齊焉

볼 견/ 어질 현/ 생각 사/ 가지런할 제/ 어조사 언

※본받을 만한 사람의 뜻과 행동을 살펴서 나에게 맞게 실천해보자

# 遊必有方

## 움직일 땐 반드시
## 가고자 하는 방향이 있어야 한다

遊必有方

움직일 유/ 반드시 필/ 있을 유/ 방향 방

*나의 위치를 알리면 혹시라도 어려움에 처했을 때 도움을 받는다

[27]

# 德不孤

## 덕 있는 자는 외롭지 않다

德不孤

덕 덕/ 아니 불/ 외로울 고

*세상 사람들과 그 따뜻한 정(情)을 나누었기에 결코 혼자가 아니다

# 〈公冶長〉

공평할 공/ 풀무 야/ 어른 장

제자들과 고금의 인물들을 평가하여 기술했다

# 朽木不可雕也

## 썩은 나무로는 조각할 수 없다

朽木不可雕也

썩을 후/ 나무 목/ 아니 불/ 가할 가/ 새길 조/ 어조사 야

*나의 말과 생각이 밝지 않으면 나의 행동 또한 긍정적이지 않게 된다

# 不恥下問

## 아랫사람에게 묻는 것은 부끄러운 것이 아니다

不恥下問

아니 불/ 부끄러울 치/ 아래 하/ 물을 문

*아무리 뛰어난 사람이라도 잘 모를 때가 있는 것이다

# 久而敬之

## 오래 사귈수록 서로 공경하는 것이다

久而敬之

오래 구/ 말이을 이/ 공경할 경/ 갈 지

＊친해질수록 서로가 좀 더 신중하며 배려하는 예절이 敬이다

# 〈雍也〉

화할 옹/ 어조사 야

전반부는 인물 평가, 후반부는 올바른 지(知)에 대해 서술했다

[31]

# 不遷怒不貳過

## 노여움을 남에게 옮기지 말고
## 잘못을 두 번 하지 않는다

不遷怒不貳過

아니 불/ 옮길 천/ 노여워할 노/ 아니 불/ 두 이/ 허물 과

*감정 조절을 못하면 나와 남에게 모두 피해를 주게 됨을 알아야 한다

[32]

# 君子周急

## 군자는 궁핍한 자를 돌봐준다

君子周急

임금 군/ 자식 자/ 두루 주/ 급할 급

*어진 사람은 어려운 이웃을 보살핀다

# 人之生也直

## 사람이 살면서 정직해야 하는 것이다

人之生也直

사람 인/ 갈 지/ 날 생/ 어조사 야/ 곧을 직

*사람다움이란 자신 스스로를 속이지 않는 마음자세이다

[34]

# 不如樂之者

## 즐거워하는 자만 같지 못하다

不如樂之者

아니 불/ 같을 여/ 즐거울 락/ 갈 지/ 사람 자

*억지로 하는 것은 즐겁지 않다

# 博學於文約之以禮

## 널리 학문을 배워서 예절로써 조절한다

博學於文約之以禮

넓을 박/ 배울 학/ 늘 어/ 글월 문/ 요약할 약/ 갈 지/ 써 이/ 예절 예

※잘 배워서 어진 덕을 갖추면 자신의 행동을 예절로써 지켜나간다

# 〈述而〉

펼 술/ 말이을 이

공자의 수행을 다양하게 기술했다

## [36]
# 申申夭夭
## 얼굴빛을 활짝 펴듯 밝고 넉넉히 하다

申申夭夭

펼 신/ 펼 신/ 활짝필 요/ 활짝필 요

*어진 사람은 그 얼굴빛이 밝고 온화하며 자신감이 넘친다

## [37]
# 志於道據於德
## 도에 뜻을 두고 덕에 웅거 한다

志於道據於德

뜻 지/ 늘 어/ 길 도/ 웅거할 거/ 늘 어/ 덕 덕

*어진 사람은 올곧은 도를 생각하고 따뜻한 덕을 실천하니
그것을 도덕이라고 부른다

## [38]

# 不義而富且貴如浮雲

## 의롭지 못하면서 부유하고 귀하다고
## 하는 것은 뜬구름 같은 것이다

不義而富且貴如浮雲

아니 불/ 옳을 의/ 말이을 이/ 부자 부/ 또 차/

귀할 귀/ 같을 여/ 뜰 부/ 구름 운

*옳지 않은 방법으로 만든 재산과 명예는 헛되고 치욕스러운 것이다

## [39]

# 三人行必有我師焉

## 세 사람이 길을 갈 때 반드시
## 나의 스승이 있다

三人行必有我師焉

석 삼/ 사람 인/ 갈 행/ 반드시 필/ 있을 유/ 나 아/ 스승 사/ 어조사 언

*나를 포함한 세 명 중에 본보기로 삼을 만한 사람이 분명히 있다

# [40]

# 文行忠信

## 공자께서 4가지로 가르쳤으니
## 학문, 행동, 충실함, 믿음이다

文行忠信

글월 문/ 행할 행/ 충실할 충/ 믿을 신

*공자 당시에는 배움과 실천 그리고 자신에게 충실한 것과

믿음을 중요시했다

# [41]

# 垣蕩蕩

## 군자는 평탄하여 여유로움이 있다

垣蕩蕩

담 원/ 씻을 탕

*배움이 깊어지면 세상을 바라보는 관점이 치우치지 않는다

# 溫而厲

## 군자는 온화하면서도 엄숙함이 있다

溫而厲

따뜻할 온/ 말이을 이/ 갈 려

*배움이 깊어지면 세상을 향해 올곧은 소통과

따뜻한 배려의 예절을 실천할 수 있다

# 〈泰伯〉

클 태/ 맏 백

공자의 정치를 성현의 예로 설명하고 기술했다

## [43]

# 出辭氣斯遠鄙倍矣

## 말과 소리는 비루함에 위배되는 것을 멀리한다

出辭氣斯遠鄙倍矣

날 출/ 말씀 사/ 기운 기/ 이 사/ 멀 원/ 비루할 비/ 위배될 배/ 어조사 의

*말할 때와 소리를 낼 때는 다른 사람들의 몸과 마음을

아프게 하면 안된다

## [44]

# 士不可以不弘毅

## 선비는 마음이 넓고 굳세지 않으면 안 된다

士不可以不弘毅

선비 사/ 아니 불/ 가할 가/ 써 이/ 아니 불/ 클 홍/ 굳셀 의

*뜻이 맑은 사람은 자기 실천을 할 때 흔들림이 없어야 한다

# 任重而道遠

## 선비는 그 책임이 무겁고 가야할 길이 멀다

任重而道遠

맡길 임/ 무거울 중/ 말이을 이/ 길 도/ 멀 원

*일을 시작할 때는 최종 목표를 위해 꼼꼼히 준비하고

철저하게 진행해야 한다

# 立於禮成於樂

## 예(禮)에 서고 악(樂)에서 이룬다

立於禮成於樂

설 립/ 늘 어/ 예절 예/ 이룰 성/ 늘 어/ 음악 악

*밝고 명랑한 사회는 건전한 문화와 예술에서 이루어진다

# 〈子罕〉

자식 자/ 드물 한

공자의 취사(取捨)와 진퇴(進退)의 진솔함을 기술했다

# 後生可畏

## 뒤에 태어나는 자를 두려워하라

後生可畏

뒤 후/ 날 생/ 가할 가/ 두려워할 외

＊나보다 어린 사람 중에도 본받을 만한 사람이 있다는 것을 명심하라

# 過則勿憚改

## 잘못이 있으면 고치는 것을 주저하지 말라

過則勿憚改

허물 과/ 곧 즉/ 말 물/ 꺼릴 탄/ 고칠 개

＊나의 잘못을 알고 그 즉시 반성하고 고쳐야

내 자신의 몸과 마음이 괴롭지 않다

# [49]

# 歲寒然後

## 날이 추워진 이후에야 푸르름을 알 수 있다

歲寒然後

해 세/ 찰 한/ 그러할 연/ 뒤 후

\*늘 나를 되돌아보는 시간을 갖게 되면

좋고 나쁜 시절을 잘 대비할 수 있다

# 〈鄕黨〉

마을 향/ 집 당

공자가 일상 속에서 예(禮)를 행하는 모습을 기술했다

## [50]

# 席不正不坐

## 자리가 바르지 않으면 앉지 않는다

席不正不坐

자리 석/ 아니 부/ 바를 정/ 아니 불/ 앉을 좌

*나의 역량에 맞지 않거나 정당하지 않는 일이라면

절대로 그곳에 가면 안 된다

## [51]

# 色斯舉矣翔而後集

## 새는 사람의 얼굴빛이 좋지 않음을 보면
## 주변을 빙빙 돌며 살핀 후 내려앉는다.

色斯舉矣翔而後集

빛 색/ 이 사/ 들 거/ 어조사 의/ 날개 상/ 말이을 이/ 뒤 후/ 모을 집

*나쁜 일이 일어나기 전에 그 조짐을 먼저 파악해야 한다

# 〈先進〉

먼저 선/ 나아갈 진

공자가 제자들의 장단점을 평가한 것을 기술했다

[52]

# 過猶不及

## 지나침은 미치지 못함과 같다

過猶不及

지날 과/ 같을 유/ 아니 불/ 미칠 급

*뭐든지 적정량을 초과하면 위험이 뒤따르게 되니

조금 부족한 것이 좋다

[53]

# 爲國以禮

## 나라를 다스릴 때는
## 예(禮)로써 하는 것이다

爲國以禮

할 위/ 나라 국/ 써 이/ 예절 예

*나라뿐이겠는가? 사회구성원 모두가 서로를 따뜻하게 아껴주고

존중해야 한다

46

# 〈顔淵〉

낯 안/ 연못 연

공자가 제자들과 나눈 인, 군자, 정치에 대한 문답을 기술했다

[54]

# 克己復禮爲仁

## 자신의 사사로움을 이겨내고 예(禮)를 회복하는 것이 어짊을 실천하는 것이다

克己復禮爲仁

이길 극/ 몸 기/ 회복할 복/ 예절 예/ 할 위/ 어질 인

*밝은 세상을 만드는 방법은 나를 다독거리고 사랑해 주는 것부터

시작된다

[55]

# 爲仁由己

## 어짊을 실천하는 것은 오직 자기 자신에게 달려 있다

爲仁由己

할 위/ 어질 인/ 말미암을 유/ 몸 기

*무엇이든 나로부터 이루어지는 것이니 나의 힘을 키워서

세상을 밝게 만드는 것이다

# 與人恭而有禮

## 사람들과 더불어 할 때는 공손하고
## 예절이 있어야 한다

與人恭而有禮

더불어 여/ 사람 인/ 공손할 공/ 말이을 이/ 있을 유/ 예절 예

*인간은 누구나 평등하기 때문에 예절은 서로가

반드시 지켜야 할 참된 소통법이다

[57]

# 無信不立

## 사람에게 참된 믿음이 없으면
## 세상에 설 수 없다

無信不立

없을 무/ 믿을 신/ 아니 불/ 설 립

*말과 행동이 맞지 않는데 어느 누가 믿을 것인가

# 行之以忠

## 행동은 나의 생각에 꼭 맞도록
## 충실히 하는 것이다

行之以忠

행할 행/ 갈 지/ 써 이/ 충실할 충

*행동하기 전에 반드시 그 일에 대해 상세히 살펴보아야

자신 있게 해 낼 수 있다

# 以文會友以友輔仁

## 배움으로써 벗을 모으고 벗으로써
## 어짊을 보충한다

以文會友以友輔仁

써 이/ 글월 문/ 모일 회/ 벗 우/ 써 이/ 벗 우/ 보충할 보/ 어질 인

*삶의 교훈을 주는 글과 접하는 사람이 좋은 친구이다

# 〈子路〉

자식 자/ 길 로

공자가 제자들과 나눈 인, 군자, 정치에 대한 문답을 기술했다

[60]

# 先之勞之

## 솔선수범하고 부지런하라

先之勞之

먼저 선/ 갈 지/ 수고할 로/ 갈 지

*내가 먼저 실천하여 다른 사람이 시행착오를 줄일 수 있다

[61]

# 無倦

## 게을리하지 말라

無倦

없을 무/ 게으를 권

*나태하고 무기력한 시간을 보내면 나의 몸과 정신이 지쳐버린다

## [62]

# 擧賢才

## 덕 있는 현자와 재능이 뛰어난 자를
## 등용하라

擧賢才

들 거/ 어질 현/ 재주 재

*배움이 많고 맑은 사람을 등용하면 모두가 크게 성장할 것이니

참된 사람을 찾아라

## [63]

# 苟正其身矣於從政乎何有

## 진실로 그 몸을 바르게 한다면
## 정치를 하는데 무슨 어려움이 있겠는가

苟正其身矣於從政乎何有

진실로 구/ 바를 정/ 그 기/ 몸 신/ 어조사 의/ 늘 어/

따를 종/ 정사 정/ 어조사 호/ 어찌 하/ 있을 유

*올바른 식견과 안목은 국민을 이롭게 하는 것이니

이로써 정치를 쉽게 할 수 있다

# [64]

# 和而不同

## 군자는 온화하지만 같아지지 않는다

和而不同

온화할 화/ 말이을 이/ 아니 불/ 같을 동

*올곧음을 실천하는 사람은 함께 일을 도모하지만

사사로움을 취하지 않는다

# [65]

# 泰而不驕

## 침착하면서도 교만하지 않는다

泰而不驕

넉넉할 태/ 말이을 이/ 아니 불/ 교만할 교

*어려움이 있다면 냉정해야 하고 즐거움이 있다면 겸손해야 한다

# 剛毅木訥近仁

## 강하고 굳세며 질박하고 과묵함이
## 어짊에 가깝다

剛毅木訥近仁

굳셀 강/ 굳셀 의/ 나무 목/ 과묵할 눌/ 가까울 근/ 어질 인

*세상에 빛과 소금의 존재가 되려면 흔들림 없는 의지로 가야만

이룰 수 있다

# 〈憲問〉

법 헌 / 물을 문

군자가 이루려는 정치에 대해 여러 사람들과 나눈 대화를 기술했다

# 仁者必有勇

## 어진 자는 반드시 용맹함이 있다

仁者必有勇

어질 인/ 사람 자/ 반드시 필/ 있을 유/ 용맹할 용

*불공평한 일이 있다면 공명정대하게 만들어야 한다

# 爲己爲人

## 자신을 위하는 것이 남을 위하는 것이다

爲己爲人

위할 위/ 몸 기/ 위할 위/ 사람 인

*진정 나를 아끼는 방법으로 세상과 나누는 것이

나와 너 모두에게 좋은 것이다

[69]

# 不憂不惑不懼

어진 자는 근심하지 않고 지혜로운 자는 미혹
되지 않고 용맹한 자는 두려워하지 않는다

不憂不惑不懼

아니 불/ 근심할 우/ 아니 불/미혹할 혹/ 아니 불/ 두려워할 구

*憂,惑,懼는 생각으로부터 일어나니 이것을 극복하려면

생각이 맑아지도록 노력한다

[70]

# 以德報德

덕으로써 덕을 갚는다

以德報德

써 이/ 덕 덕/ 갚을 보/ 덕 덕

*누군가에게 도움을 받았으면 나 또한 누군가에게

따뜻한 마음을 나누는 것이 덕이다

# 〈衛靈公〉

다할 위/ 신령 령/ 공평할 공

어진 자가 갖추어야 할 마음가짐을 기술했다

# [71]

# 君子固窮

## 군자는 진실로 최선을 다하는 것이다

君子固窮

임금 군/ 자식 자/ 진실로 고/ 다할 궁

*맡은 바 일에 진심으로 임하는 것이 아름다운 것이다

# [72]

# 無爲而治

## 무위로 다스리는 것이다

無爲而治

없을 무/ 할 위/ 말이을 이/ 다스릴 치

*억지로 되는 일은 반드시 문제가 발생하고

되는 일은 자연스럽게 이루어진다

## [73]

# 邦有道如矢

## 나라에 도가 있음에 화살같이 곧다

邦有道如矢

나라 방/ 있을 유/ 법도 도/ 같을 여/ 화살 시

*정부의 정책은 일관성을 근간으로 하되 국민을 위한 일을

산속하게 처리하라

## [74]

# 人無遠慮必有近憂

## 사람이 멀리 내다보려는 생각이 없으면
## 반드시 근심이 가까울 것이다

人無遠慮必有近憂

사람 인/ 없을 무/ 멀 원/ 생각 려/ 반드시 필/

있을 유/ 가까울 근/ 근심할 우

*앞으로 다가올 미래를 나에게 맞는 계획을 세워야

시너지 효과가 크다

[75]

# 義以爲質

## 군자는 의를 바탕으로 삼는다

義以爲質

이로울 의/ 써 이/ 삼을 위/ 바탕 질

*무슨 일이든지 정당한 규칙으로 실천해야 한다

[76]

# 禮以行之

## 군자는 예로써 그것을 실천한다

禮以行之

예절 예/ 써 이/ 행할 행/ 갈 지

*예라는 것은 내 자신에게 거짓이 없어야 진솔한 행동으로 나타난다

# 孫以出之

## 군자는 겸손함으로써 그것을 내보인다

孫以出之

겸손할 손/ 써 이/ 날 출/ 갈 지

*겸손은 신중한 것이니 이것으로써 세상에 나의 뜻을 펼치는 것이
안정적이다

# 信以成之

## 군자는 믿음으로써 이루는 것이다

信以成之

믿을 신/ 써 이/ 이룰 성/ 갈 지

*올바른 생각을 가지고 있는 사람은 믿음을 근본으로 하고 있다

# [79]

# 求諸己

## 군자는 자신에게서 구하는 것이다

求諸己

구할 구/ 모두 제/ 몸 기

*올바른 생각을 회복하는 것은 오로지 나에게 달려 있는 것이다

# [80]

# 矜而不爭

## 군자는 씩씩하되 다투지 않는다

矜而不爭

씩씩할 긍/ 말이을 이/ 아니 부/ 다툴 쟁

*내실이 잘 다져진 사람은 당당하면서도 다른 이와 싸우지 않는다

# 群而不黨

## 군자는 무리 짓되 편당을 하지 않는다

群而不黨

무리 군/ 말이을 이/ 아니 불/ 무리 당

*올바른 생각을 가진 사람들과 함께 하되

사사로운 이익을 추구하지 않는다

# 巧言亂德

## 공교로운 말은 참된 덕(德)을 어지럽힌다

巧言亂德

공교할 교/ 말씀 언/ 어지럽힐 난/ 덕 덕

*이간질하는 사람의 말은 올바른 생각을 담아내지 못하게 한다

[83]

# 人能弘道非道弘人

## 사람이 도(道)를 크게 하는 것이지
## 도가 사람을 크게 하는 것이 아니다

人能弘道非道弘人

사람 인/ 능할 능/ 클 홍/ 법도 도/ 아닐 비/ 법도 도/클 홍/ 사람 인

\*무엇이든 사람이 실천하는 것이기에 올바른 사람이 필요하다

[84]

# 君子憂道不憂貧

## 군자는 도를 근심하지
## 가난을 근심하지 않는다

君子憂道不憂貧

임금 군/ 자식 자/ 근심 우/ 법도 도/ 아니 불/근심 우/ 가난할 빈

\*몸과 마음을 바르게 하는 사람은 직업의 귀천(貴賤)을 가리지 않는다

# 〈季氏〉

계절 계/ 성 씨

군자가 갖추어야 할 덕목을 구체적으로 기술했다

## [85]

# 不患寡而患不均

## 부족함을 근심하지 말고
## 고르지 못함을 근심하라

不患寡而患不均

아니 불/ 근심 환/ 적을 과/ 말이을 이/ 근심 환/ 아니 불/ 고를 균

＊내면의 실(實)하지 못함보다는 감정표현의 불안정함을

걱정해야 한다

## [86]

# 修文德以來之

## 문덕(文德)을 닦아서 그들을 오게 한다

修文德以來之

닦을 수/ 글월 문/ 덕 덕/ 써 이/ 올 래/ 갈 지

＊배움이 깊어지고 지혜가 생기면 나를 찾는 사람이 나타난다

# 直諒多聞

## 유익한 벗은 곧고 성실하며
## 들은 바가 많다

直諒多聞

곧을 직/ 진실할 량/ 많을 다/ 들을 문

*배움이 깊은 사람은 스스로 그것을 실천으로 옮긴다

[88]

# 三畏

## 군자는 천명(天命)과 대인(大人)과
## 성인(聖人)의 말씀을 두려워한다

三畏

석 삼/ 두려워할 외

*타고난 운명과 지혜를 갖춘 사람과 성현의 말씀을 의지하면

큰 어려움이 없다

# 〈陽貨〉

볕 양/ 재물 화

난세(亂世)를 대처하는 군자의 자세를 기술했다

# [89]

## 恭寬信敏惠

군자는 공손하고 너그럽고 미덥고
민첩하고 은혜로움을 실천한다

恭寬信敏惠

공손할 공/ 너그러울 관/ 믿을 신/ 민첩할 민/ 은혜로울 혜

*어진 사람은 마음 씀씀이가 넉넉하여 모든 이가 귀감으로 삼는다

# [90]

## 巧言令色鮮矣仁

교언영색은 어짊이 적다

巧言令色鮮矣仁

공교할 교/ 말씀 언/ 하여금 영/ 빛 색/ 드물 선/ 어조사 의/ 어질 인

*비위만 맞추는 달콤한 말은 사사로움이 가득하여

올바른 생각을 실천할 수 없게 만든다

# 〈微子〉

작을 미/ 자식 자

고대의 역사적 인물과 사건들을 나열하며 당시 시대 상황을 기술했다

# 不降其志不辱其身

군자는 그 뜻을 굽히지 않고
그 몸을 욕되게 하지 않는다

不降其志不辱其身

아니 불/ 내릴 강/ 그 기/ 뜻 지/아니 불/욕될 욕/그 기/ 몸 신

*올바름을 주장하되 그 뜻을 펴지 못하면 불합리한

상황에 머물지 않고 벗어난다

# 逸民

학문과 덕을 갖추었으며 벼슬하지 않고
수행 정진하는 사람이다

逸民

편안할 일/ 백성 민

*어떤 경우라도 욕됨과 사사로움을 멀리하고

오로지 올곧은 자신을 위한 시간이 필요하다

# 〈子張〉

자식 자/ 베풀 장

공자의 제자들 중에 자하, 자유, 자장, 자공 등의 말을 기술했다

# 士見危致命

## 선비가 그 위태로움을 보고
## 목숨을 바친다

士見危致命

선비 사/ 볼 견/ 위태로울 위/ 다할 치/ 목숨 명

*나라가 큰 어려움에 빠졌다면 뜻있는 사람은 자신을 희생할

각오와 의지를 드러냈다

# 見得思義

## 군자는 이익을 보면 의(義)를 생각한다

見得思義

볼 견/얻을 득/생각 사/의로울 의

*양심 있는 사람은 물질의 이익이 있으면 골고루 나눌 것을 생각한다

# 尊賢而容衆

## 군자는 어진 이를 존경하고 대중을 포용한다

尊賢而容衆

높일 존/ 어질 현/ 말이을 이/ 용납할 용/ 무리 중

*학덕이 높은 사람에게 배우고 주변 사람들을 아끼고 사랑한다

# 學以致其道

## 군자는 배워서 그 도(道)를 지극히 한다

學以致其道

배울 학/써 이/ 지극할 치/ 그 기/ 법도 도

*배우는 시기에는 깊이 있게 익혀서 기초를 튼튼히 한다

[97]

# 聽其言也厲

## 그 말을 들어보면 명확히 알 수 있다

聽其言也厲

들을 청/ 그 기/ 말씀 언/ 어조사 야/ 생각 려

*나의 생각이 바르면 상대방이 하는 말이 무슨 뜻 인지 정확히 안다

# 〈堯曰〉

요금 요/ 가로 왈

논어의 마지막 편이자 3장으로 짧게 이루어졌다

[98]

# 允集其中

## 진실로 그 중도(中道)를 잡아라

允集其中

진실로 윤/ 잡을 집/ 그 기/ 가운데 중

＊물질과 권력 그리고 명예 등 사사로움을 쫓지 말고

오직 흔들림 없는 중심을 지켜라

[99]

# 敏則有功

## 민첩한즉 공(功)이 있다

敏則有功

민첩할 민/ 곧 즉/ 있을 유/ 공 공

＊흐름과 시기가 그 때에 맞는지를 판단하여 도모하면

좋은 결과가 있다

# 公則說

## 공정하면 모두 기뻐한다

公則說

공변될 공/ 곧 즉/ 기뻐할 열

*한쪽으로 치우치지 않고 균형을 잡으면 어느 누구든지

싫어하지 않는다

# 惠而不費

## 은혜롭되 사치한 소비를 하지 않는다

惠而不費

은혜 혜/ 말이을 이/ 아니 불/ 소비할 비

*필요한 곳에 사용하고 그렇지 않으면 저축하여 다음을 대비한다

# 勞而不怨

## 수고롭되 원망하지 않는다

勞而不怨

수고할 노/말이을 이/ 아니 불/ 원망할 원

*내가 해야 할 일이라면 기쁜 생각으로 실천하는 것이 좋다

# 欲而不貪

## 하고자 하되 탐하지는 않는다

欲而不貪

하고자 할 욕/말이을 이/아니 불/ 탐할 탐

*간절히 바라는 바가 있다면 정당한 방법으로 해야 한다

# 不如仁人

## 어진사람만 같지 못하다

不如仁人

아니 불/ 같을 여/ 어질 인/ 사람 인

*나의 주변에 아무리 친한 사람이 많다고 하여도

스승으로 삼을 만한 참된 사람이 나에게는 더 필요한 것이다

# 威而不猛

## 위엄을 갖추되 사납지 않다

威而不猛

위엄 위/ 말이을 이/ 아니 불/ 사나울 맹

*올곧은 사람은 스스로에게 정중하고 다른 이들에게 온화해야 한다

# 不知命無以爲君子

## 천명을 알지 못하면 군자가 될 수 없다

不知命無以爲君子

아니 부/ 알 지/ 목숨 명/ 없을 무/ 써 이/ 될 위/ 임금 군/ 자식 자

※이 세상에서 무엇을 해야 하는지를 제대로 알아야 한다

[107]

# 不知禮無以立也

## 예(禮)를 알지 못하면 올바르게
## 세상에 설 수 없다

不知禮無以立也

아니 부/ 알 지/ 예절 예/ 없을 무/ 써 이/ 설 립/ 어조사 야

※禮는 세상과 정다웁게 소통하고 배려하는 것이기에

반드시 알아야 한다

# 不知言無以知人也

## 말을 잘 알아듣지 못하면 그 사람을
## 제대로 알 수 없다

不知言無以知人也

아니 부/ 알 지/ 말씀 언/ 없을 무/ 써 이/ 알 지/ 사람 인/ 어조사 야

*말이란 입을 통하여 생각을 표현하는 것이고

그 표현은 문자에 바탕을 두고 있으니

문자를 알면 다른 사람이 말하고자 하는 뜻을

정확히 알 수 있다

저자 소개

無性 李民炯 이민형

채비움 서당 훈장
한국미술협회 회원(서예분과)
관악현대미술대전 초대작가
대한민국미술대전(미협) 특선, 입선
원각서예문인화대전 대상
탄허선서함양 전국휘호대회 대상 외 다수 전시
초대전 및 개인전 14회

방송 및 언론
OBS「오늘은 경인세상」 KBS「세상의 아침」 / KBS 라디오「오늘아침1라디오」 / MBC
「다큐멘터리 출가」 / 강서TV「예절을 배우는 아이들」 / 마포FM「송덕호의 마포 속으로」
/ 세계일보「편완식이 만난 사람」 한계레신문사「사람」 외 다수

강연
(주)글로우웨일 강의(인문학과 경영)
공동육아와 공동체교육 교사 인문학 강의
서울 성서초등학교 교사 인문학 강의 외 다수

기고
불교저널「성미산이야기 /자연생태」연재

저서
『훈장님과 함께 읽는 천자문』, 『도덕경과 함께 하는 오늘』, 『부모가 함께 읽는 사자소
학』, 『성미산 이야기』『108가지 마음 찾기』, 『내가 읽고 따라 쓰는 사자소학』, 『따라 쓰
는 천자문』

현재
서울 마포구 성산동에서 동양고전 인문학과 경영을 주제로 출강을 하고 있으며 해마다
시(詩) 서(書) 화(畵) 사진(寫眞) 저술(著述) 활동을 하고 있다.

# 공자가 들려주는 지혜

編譯          이민형

펴낸곳        도서출판 도반
펴낸이        이상미
편집          최명숙, 김광호, 이상미
대표전화      031-465-1285
이메일        dobanbooks@naver.com
주소          경기도 안양시 만안구 안양로 332번길 32
홈페이지      http://dobanbooks.co.kr